FRACTIONS FOR KIDS

Math Essentials
Children's Fraction Books

All Rights reserved. No part of this book may be reproduced or used in any way or form or by any means whether electronic or mechanical, this means that you cannot record or photocopy any material ideas or tips that are provided in this book.

Copyright 2016

Enjoy and have fun with Fraction Exercises.

Exercise No. 1

Write the fraction of the shaded area.

1.)  _____

2.) 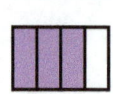 _____

3.) 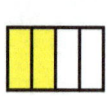 _____

4.) _____

5.)  _____

6.) 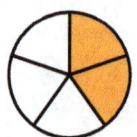 _____

7.) 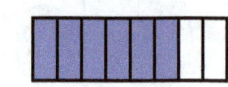 _____

8.) 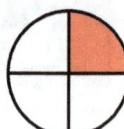 _____

9.) 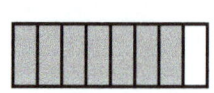 _____

10.) _____

Exercise No. 2

Write the fraction of the shaded area.

1.) 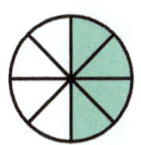 _____

2.)  _____

3.)  _____

4.)  _____

5.) 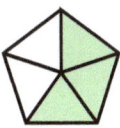 _____

6.) 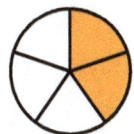 _____

7.)  _____

8.)  _____

9.) 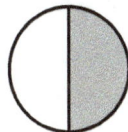 _____

10.)  _____

Exercise No. 3

Write the fraction of the shaded area.

1.) 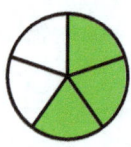 _____

2.)  _____

3.)  _____

4.)  _____

5.) 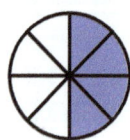 _____

6.)  _____

7.)  _____

8.) 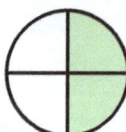 _____

9.)  _____

10.)  _____

Exercise No. 4

Write the fraction of the shaded area.

1.)  _____

2.)  _____

3.)  _____

4.) 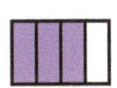 _____

5.) 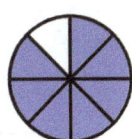 _____

6.)  _____

7.)  _____

8.) 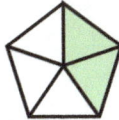 _____

9.)  _____

10.)  _____

Exercise No. 5

Write the fraction of the shaded area.

1.) 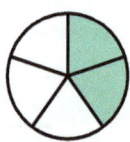 _____

2.) 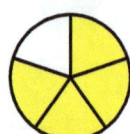 _____

3.)  _____

4.) 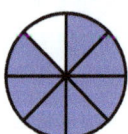 _____

5.)  _____

6.) _____

7.) 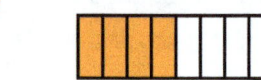 _____

8.) 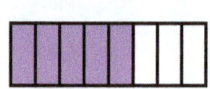 _____

9.)  _____

10.) 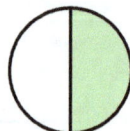 _____

Exercise No. 6

Write the fraction of the shaded area.

1.)  ____

2.) 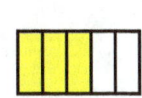 ____

3.)  ____

4.) 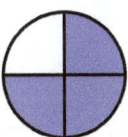 ____

5.) 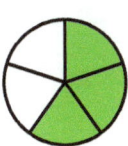 ____

6.) 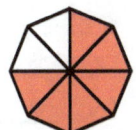 ____

7.)  ____

8.)  ____

9.) 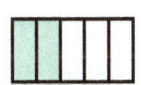 ____

10.)  ____

Exercise No. 7

Write the fraction of the shaded area.

1.)  _____

2.) 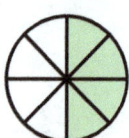 _____

3.) _____

4.)  _____

5.) 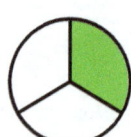 _____

6.) 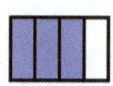 _____

7.)  _____

8.)  _____

9.)  _____

10.) 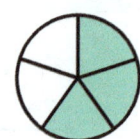 _____

Exercise No. 8

Write the fraction of the shaded area.

1.) 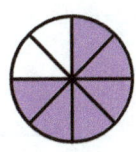 _____

2.)  _____

3.)  _____

4.)  _____

5.)  _____

6.) 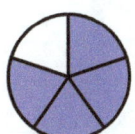 _____

7.)  _____

8.) 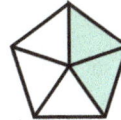 _____

9.) 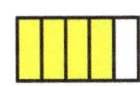 _____

10.)  _____

Exercise No. 9

Write the fraction of the shaded area.

1.) 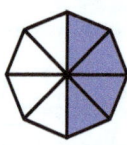 _____

2.)  _____

3.) 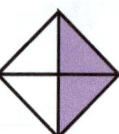 _____

4.) 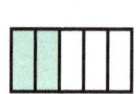 _____

5.)  _____

6.) 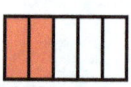 _____

7.) 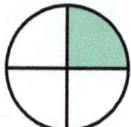 _____

8.)  _____

9.) 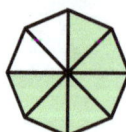 _____

10.)  _____

Exercise No. 10

Write the fraction of the shaded area.

1.) _____

2.)  _____

3.)  _____

4.)  _____

5.)  _____

6.)  _____

7.) 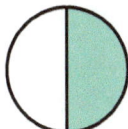 _____

8.) 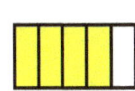 _____

9.) 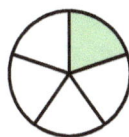 _____

10.) 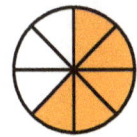 _____

Exercise No. 11

Shade the Figure with the Indicated Fraction.

1.)  $\dfrac{4}{8}$

2.)  $\dfrac{2}{5}$

3.)  $\dfrac{1}{5}$

4.)  $\dfrac{2}{4}$

5.)  $\dfrac{1}{3}$

6.)  $\dfrac{6}{8}$

7.)  $\dfrac{2}{5}$

8.)  $\dfrac{3}{5}$

9.)  $\dfrac{2}{8}$

10.)  $\dfrac{3}{4}$

Exercise No. 12

Shade the Figure with the Indicated Fraction.

1.) $\dfrac{2}{3}$

2.)  $\dfrac{3}{8}$

3.)  $\dfrac{1}{2}$

4.)  $\dfrac{1}{8}$

5.)  $\dfrac{7}{8}$

6.)  $\dfrac{1}{4}$

7.)  $\dfrac{3}{5}$

8.)  $\dfrac{5}{8}$

9.)  $\dfrac{4}{5}$

10.)  $\dfrac{4}{5}$

Exercise No. 13

Shade the Figure with the Indicated Fraction.

1.)  $\dfrac{4}{5}$

2.)  $\dfrac{3}{8}$

3.)  $\dfrac{2}{8}$

4.)  $\dfrac{3}{5}$

5.)  $\dfrac{2}{5}$

6.)  $\dfrac{1}{5}$

7.)  $\dfrac{2}{5}$

8.)  $\dfrac{1}{8}$

9.)  $\dfrac{5}{8}$

10.)  $\dfrac{2}{3}$

Exercise No. 14

Shade the Figure with the Indicated Fraction.

1.)  $\dfrac{3}{4}$

2.)  $\dfrac{6}{8}$

3.)  $\dfrac{3}{5}$

4.)  $\dfrac{4}{5}$

5.)  $\dfrac{1}{3}$

6.)  $\dfrac{4}{8}$

7.)  $\dfrac{2}{4}$

8.)  $\dfrac{1}{2}$

9.)  $\dfrac{7}{8}$

10.)  $\dfrac{1}{4}$

Exercise No. 15

Shade the Figure with the Indicated Fraction.

1.)  $\dfrac{2}{5}$

2.)  $\dfrac{7}{8}$

3.)  $\dfrac{4}{5}$

4.)  $\dfrac{2}{3}$

5.)  $\dfrac{1}{4}$

6.)  $\dfrac{4}{8}$

7.)  $\dfrac{2}{4}$

8.)  $\dfrac{3}{8}$

9.)  $\dfrac{5}{8}$

10.) $\dfrac{3}{5}$

Exercise No. 16

Shade the Figure with the Indicated Fraction.

1.) $\dfrac{2}{8}$

2.)  $\dfrac{6}{8}$

3.)  $\dfrac{2}{5}$

4.)  $\dfrac{3}{4}$

5.)  $\dfrac{1}{5}$

6.)  $\dfrac{1}{8}$

7.)  $\dfrac{4}{5}$

8.)  $\dfrac{1}{3}$

9.) $\dfrac{1}{2}$

10.)  $\dfrac{3}{5}$

Exercise No. 17

Shade the Figure with the Indicated Fraction.

1.) ▭▭▭▭▭▭▭▭ $\dfrac{4}{8}$

2.) ▭▭▭▭▭▭ $\dfrac{5}{8}$

3.)  $\dfrac{1}{8}$

4.)  $\dfrac{2}{8}$

5.)  $\dfrac{7}{8}$

6.) ◯ $\dfrac{2}{3}$

7.) ⬠ $\dfrac{4}{5}$

8.) △ $\dfrac{1}{2}$

9.) ▭▭▭▭ $\dfrac{2}{5}$

10.)  $\dfrac{6}{8}$

Exercise No. 18

Shade the Figure with the Indicated Fraction.

1.)  $\dfrac{2}{4}$

2.)  $\dfrac{1}{3}$

3.)  $\dfrac{1}{4}$

4.)  $\dfrac{3}{4}$

5.)  $\dfrac{4}{5}$

6.)  $\dfrac{3}{5}$

7.)  $\dfrac{1}{5}$

8.)  $\dfrac{3}{5}$

9.)  $\dfrac{2}{5}$

10.)  $\dfrac{3}{8}$

Exercise No. 19

Shade the Figure with the Indicated Fraction.

1.) ▭▭▭▭▭▭▭▭ $\dfrac{4}{8}$

2.) ▭▭▭▭▭▭▭▭ $\dfrac{5}{8}$

3.)  $\dfrac{1}{8}$

4.)  $\dfrac{2}{8}$

5.)  $\dfrac{7}{8}$

6.) ⊙ $\dfrac{2}{3}$

7.) ⬠ $\dfrac{4}{5}$

8.) △ $\dfrac{1}{2}$

9.) ▭▭▭▭ $\dfrac{2}{5}$

10.)  $\dfrac{6}{8}$

Exercise No. 20

Shade the Figure with the Indicated Fraction.

1.) 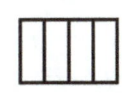 $\dfrac{2}{4}$

2.)  $\dfrac{1}{3}$

3.)  $\dfrac{1}{4}$

4.)  $\dfrac{3}{4}$

5.)  $\dfrac{4}{5}$

6.)  $\dfrac{3}{5}$

7.)  $\dfrac{1}{5}$

8.)  $\dfrac{3}{5}$

9.)  $\dfrac{2}{5}$

10.)  $\dfrac{3}{8}$

Exercise No. 21

Add the following fractions. Write and shade the correct answer.

1.)  $\frac{1}{10}$ + $\frac{1}{10}$ = ____

6.) $\frac{1}{10}$ + $\frac{7}{10}$ = ____

2.) $\frac{2}{11}$ + $\frac{8}{11}$ = ____

7.) $\frac{2}{11}$ + $\frac{5}{11}$ = ____

3.) $\frac{2}{6}$ + $\frac{3}{6}$ = ____

8.) $\frac{2}{8}$ + $\frac{5}{8}$ = ____

4.) $\frac{4}{12}$ + $\frac{5}{12}$ = ____

9.)  $\frac{1}{5}$ + $\frac{2}{5}$ =  ____

5.) $\frac{1}{4}$ + $\frac{1}{4}$ = ____

10.)  $\frac{1}{4}$ + $\frac{2}{4}$ = ____

Exercise No. 22

Add the following fractions. Write and shade the correct answer.

1.) $\frac{2}{8} + \frac{3}{8} = $ _____

2.) $\frac{3}{9} + \frac{3}{9} = $ _____

3.) $\frac{1}{12} + \frac{1}{12} = $ _____

4.) $\frac{2}{12} + \frac{5}{12} = $ _____

5.) $\frac{1}{7} + \frac{5}{7} = $ _____

6.) $\frac{2}{11} + \frac{3}{11} = $ _____

7.) $\frac{1}{4} + \frac{1}{4} = $ _____

8.) $\frac{1}{7} + \frac{4}{7} = $ _____

9.) $\frac{2}{5} + \frac{2}{5} = $ _____

10.) $\frac{1}{6} + \frac{1}{6} = $ _____

Exercise No. 23

Add the following fractions. Write and shade the correct answer.

1.)  $\dfrac{1}{9} + \dfrac{3}{9} =$ _____

6.)    $\dfrac{2}{11} + \dfrac{7}{11} =$ _____

2.) $\dfrac{1}{3} + \dfrac{1}{3} =$ _____

7.)    $\dfrac{1}{3} + \dfrac{1}{3} =$ _____

3.) $\dfrac{3}{11} + \dfrac{5}{11} =$ _____

8.)    $\dfrac{1}{4} + \dfrac{1}{4} =$ _____

4.) $\dfrac{1}{4} + \dfrac{1}{4} =$ _____

9.)   $\dfrac{1}{9} + \dfrac{6}{9} =$ _____

5.) $\dfrac{1}{7} + \dfrac{4}{7} =$ _____

10.) 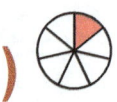   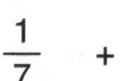 $\dfrac{1}{7} + \dfrac{5}{7} =$ _____

Exercise No. 24

Add the following fractions. Write and shade the correct answer.

1.)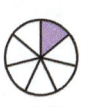
$\frac{1}{8} + \frac{4}{8} = $ _____

6.) $\frac{1}{7} + \frac{3}{7} = $ _____

2.)
$\frac{4}{11} + \frac{6}{11} = $ _____

7.) $\frac{1}{8} + \frac{1}{8} = $ _____

3.) $\frac{1}{11} + \frac{5}{11} = $ _____

8.) $\frac{1}{5} + \frac{1}{5} = $ _____

4.) $\frac{4}{10} + \frac{5}{10} = $ _____

9.) $\frac{1}{3} + \frac{1}{3} = $ _____

5.) $\frac{2}{12} + \frac{7}{12} = $ _____

10.) $\frac{2}{9} + \frac{6}{9} = $ _____

Exercise No. 25

Add the following fractions.

1.) $\dfrac{2}{8} + \dfrac{4}{8} =$

2.) $\dfrac{2}{12} + \dfrac{9}{12} =$

3.) $\dfrac{1}{3} + \dfrac{1}{3} =$

4.) $\dfrac{2}{6} + \dfrac{3}{6} =$

5.) $\dfrac{3}{12} + \dfrac{4}{12} =$

6.) $\dfrac{2}{10} + \dfrac{4}{10} =$

7.) $\dfrac{2}{10} + \dfrac{7}{10} =$

8.) $\dfrac{2}{11} + \dfrac{6}{11} =$

9.) $\dfrac{1}{11} + \dfrac{8}{11} =$

10.) $\dfrac{1}{4} + \dfrac{1}{4} =$

Exercise No. 26

Add the following fractions.

1.) $\dfrac{1}{3} + \dfrac{1}{3} =$

2.) $\dfrac{1}{9} + \dfrac{1}{9} =$

3.) $\dfrac{1}{11} + \dfrac{9}{11} =$

4.) $\dfrac{3}{8} + \dfrac{4}{8} =$

5.) $\dfrac{2}{11} + \dfrac{7}{11} =$

6.) $\dfrac{2}{10} + \dfrac{6}{10} =$

7.) $\dfrac{1}{4} + \dfrac{1}{4} =$

8.) $\dfrac{2}{9} + \dfrac{2}{9} =$

9.) $\dfrac{2}{12} + \dfrac{4}{12} =$

10.) $\dfrac{2}{7} + \dfrac{2}{7} =$

Exercise No. 27

Add the following fractions.

1.) $\dfrac{1}{10} + \dfrac{5}{10} =$

2.) $\dfrac{2}{8} + \dfrac{3}{8} =$

3.) $\dfrac{1}{9} + \dfrac{6}{9} =$

4.) $\dfrac{1}{6} + \dfrac{3}{6} =$

5.) $\dfrac{4}{12} + \dfrac{4}{12} =$

6.) $\dfrac{4}{10} + \dfrac{4}{10} =$

7.) $\dfrac{1}{3} + \dfrac{1}{3} =$

8.) $\dfrac{1}{4} + \dfrac{2}{4} =$

9.) $\dfrac{1}{9} + \dfrac{5}{9} =$

10.) $\dfrac{1}{11} + \dfrac{4}{11} =$

Exercise No. 28

Add the following fractions.

1.) $\dfrac{1}{5} + \dfrac{1}{5} =$

2.) $\dfrac{1}{3} + \dfrac{1}{3} =$

3.) $\dfrac{4}{10} + \dfrac{4}{10} =$

4.) $\dfrac{2}{11} + \dfrac{8}{11} =$

5.) $\dfrac{3}{12} + \dfrac{6}{12} =$

6.) $\dfrac{1}{4} + \dfrac{1}{4} =$

7.) $\dfrac{2}{12} + \dfrac{2}{12} =$

8.) $\dfrac{1}{10} + \dfrac{6}{10} =$

9.) $\dfrac{1}{11} + \dfrac{2}{11} =$

10.) $\dfrac{2}{12} + \dfrac{8}{12} =$

GOOD LUCK!

Answers

Exercise No. 1

1.) 3/8
2.) 3/4
3.) 2/4
4.) 1/3
5.) 1/8
6.) 2/5
7.) 6/8
8.) 1/4
9.) 7/8
10.) 2/3

Exercise No. 2

1.) 4/8
2.) 2/8
3.) 4/5
4.) 5/8
5.) 3/5
6.) 2/5
7.) 3/5
8.) 4/5
9.) 1/2
10.) 1/5

Exercise No. 3

1.) 3/5
2.) 1/4
3.) 4/5
4.) 6/8
5.) 4/8
6.) 1/2
7.) 3/8
8.) 2/4
9.) 2/3
10.) 4/5

Exercise No. 4

1.) 3/5
2.) 1/5
3.) 1/3
4.) 3/4
5.) 7/8
6.) 2/8
7.) 5/8
8.) 2/5
9.) 2/5
10.) 1/8

Answers

Exercise No. 5

1.) 2/5
2.) 4/5
3.) 2/3
4.) 7/8
5.) 3/8
6.) 1/3
7.) 4/8
8.) 5/8
9.) 1/5
10.) 1/2

Exercise No. 6

1.) 2/8
2.) 3/5
3.) 1/4
4.) 3/4
5.) 3/5
6.) 6/8
7.) 4/5
8.) 2/4
9.) 2/5
10.) 1/8

Exercise No. 7

1.) 1/4
2.) 4/8
3.) 2/3
4.) 5/8
5.) 1/3
6.) 3/4
7.) 2/4
8.) 2/5
9.) 3/8
10.) 3/5

Exercise No. 8

1.) 6/8
2.) 1/2
3.) 2/8
4.) 1/8
5.) 7/8
6.) 4/5
7.) 3/5
8.) 2/5
9.) 4/5
10.) 1/5

Answers

Exercise No. 9

1.) 4/8
2.) 2/8
3.) 2/4
4.) 2/5
5.) 2/3

6.) 2/5
7.) 1/4
8.) 7/8
9.) 6/8
10.) 4/5

Exercise No. 10

1.) 1/3
2.) 1/8
3.) 3/5
4.) 3/4
5.) 3/5

6.) 3/8
7.) 1/2
8.) 4/5
9.) 1/5
10.) 5/8

Exercise No. 11

1.)  4/8
2.) 2/5
3.) 1/5
4.) 2/4
5.) 1/3

6.) 6/8
7.) 3/5
8.) 2/8
9.) 3/4
10.)

Exercise No. 12

1.) 2/3
2.) 3/8
3.) 1/2
4.) 1/8
5.)  7/8

6.) 1/4
7.)  3/5
8.) 5/8
9.) 4/5
10. 4/5

Answers

Exercise No. 13

1.  $\dfrac{4}{5}$
2. $\dfrac{3}{8}$
3. $\dfrac{2}{8}$
4. 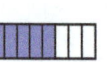 $\dfrac{3}{5}$
5.  $\dfrac{2}{5}$

6.) 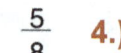 $\dfrac{1}{5}$
7.) $\dfrac{2}{5}$
8.) $\dfrac{1}{8}$
9.) 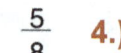 $\dfrac{5}{8}$
10.)  $\dfrac{2}{3}$

Exercise No. 14

1.) $\dfrac{3}{4}$
2.) 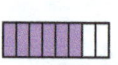 $\dfrac{6}{8}$
3.) $\dfrac{3}{5}$
4.) $\dfrac{4}{5}$
5.) $\dfrac{1}{3}$

6.) $\dfrac{4}{8}$
7.) $\dfrac{2}{4}$
8.) $\dfrac{1}{2}$
9.) $\dfrac{7}{8}$
10.) $\dfrac{1}{4}$

Exercise No. 15

1.) $\dfrac{2}{5}$
2.)  $\dfrac{7}{8}$
3.)  $\dfrac{4}{5}$
4.)  $\dfrac{2}{3}$
5.)  $\dfrac{1}{4}$

6.)   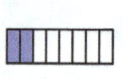 $\dfrac{4}{8}$
7.) $\dfrac{2}{4}$
8.) $\dfrac{3}{8}$
9.) $\dfrac{5}{8}$
10.) $\dfrac{3}{5}$

Exercise No. 16

1.) 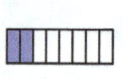 $\dfrac{2}{8}$
2.) $\dfrac{6}{8}$
3.) $\dfrac{2}{5}$
4.) $\dfrac{3}{4}$
5.) $\dfrac{1}{5}$

6.) $\dfrac{1}{8}$
7.) $\dfrac{4}{5}$
8.) $\dfrac{1}{3}$
9.) $\dfrac{1}{2}$
10.) $\dfrac{3}{5}$

Answers

Exercise No. 17

1.)  $\frac{4}{8}$

2.) 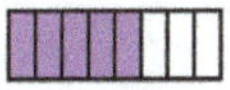 $\frac{5}{8}$

3.) 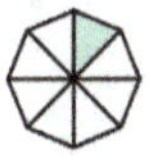 $\frac{1}{8}$

4.)  $\frac{2}{8}$

5.)  $\frac{7}{8}$

6.)  $\frac{2}{3}$

7.)  $\frac{4}{5}$

8.)  $\frac{1}{2}$

9.)  $\frac{2}{5}$

10.)  $\frac{6}{8}$

Exercise No. 18

1.)  $\frac{2}{4}$

2.)  $\frac{1}{3}$

3.) 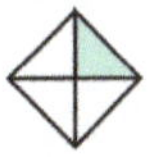 $\frac{1}{4}$

4.)  $\frac{3}{4}$

5.)  $\frac{4}{5}$

6.)  $\frac{3}{5}$

7.)  $\frac{1}{5}$

8.) 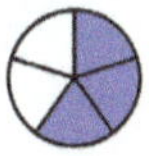 $\frac{3}{5}$

9.)  $\frac{2}{5}$

10.  $\frac{3}{8}$

Exercise No. 19

1.) 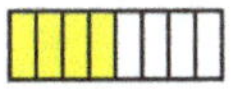 $\frac{4}{8}$

2.) 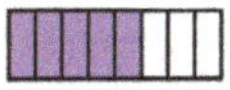 $\frac{5}{8}$

3.) 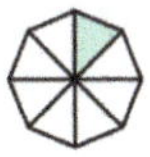 $\frac{1}{8}$

4.) 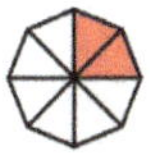 $\frac{2}{8}$

5.) 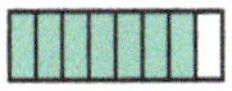 $\frac{7}{8}$

6.)  $\frac{2}{3}$

7.) 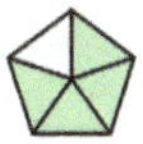 $\frac{4}{5}$

8.)  $\frac{1}{2}$

9.)  $\frac{2}{5}$

10.)  $\frac{6}{8}$

Exercise No. 20

1.) 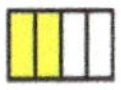 $\frac{2}{4}$

2.)  $\frac{1}{3}$

3.) 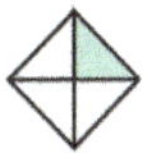 $\frac{1}{4}$

4.)  $\frac{3}{4}$

5.)  $\frac{4}{5}$

6.)  $\frac{3}{5}$

7.)  $\frac{1}{5}$

8.) 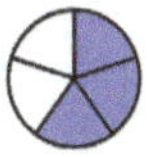 $\frac{3}{5}$

9.)  $\frac{2}{5}$

10.)  $\frac{3}{8}$

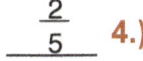

Answers

Exercise No. 21

1.) $\frac{2}{10}$
2.) $\frac{10}{11}$
3.) $\frac{5}{6}$
4.) $\frac{9}{12}$
5.) $\frac{2}{4}$
6.) $\frac{8}{10}$
7.) $\frac{7}{11}$
8.) $\frac{7}{8}$
9.) $\frac{3}{5}$
10.) $\frac{3}{4}$

Exercise No. 22

1.) $\frac{5}{8}$
2.) $\frac{6}{9}$
3.) $\frac{2}{12}$
4.) $\frac{7}{12}$
5.) $\frac{6}{7}$
6.) $\frac{5}{11}$
7.) $\frac{2}{4}$
8.) $\frac{5}{7}$
9.) $\frac{4}{5}$
10.) $\frac{2}{6}$

Exercise No. 23

1.) $\frac{4}{9}$
2.) $\frac{2}{3}$
3.) $\frac{8}{11}$
4.) $\frac{2}{4}$
5.) $\frac{5}{7}$
6.) $\frac{9}{11}$
7.) $\frac{2}{3}$
8.) $\frac{2}{4}$
9.) $\frac{7}{9}$
10.) $\frac{6}{7}$

Exercise No. 24

1.) $\frac{5}{8}$
2.) $\frac{10}{11}$
3.) $\frac{6}{11}$
4.) $\frac{9}{10}$
5.) $\frac{9}{12}$
6.) $\frac{4}{7}$
7.) $\frac{2}{8}$
8.) $\frac{2}{5}$
9.) $\frac{2}{3}$
10.) $\frac{8}{9}$

Answers

Exercise No. 25

1.) $\dfrac{6}{8}$
2.) $\dfrac{11}{12}$
3.) $\dfrac{2}{3}$
4.) $\dfrac{5}{6}$
5.) $\dfrac{7}{12}$
6.) $\dfrac{6}{10}$
7.) $\dfrac{9}{10}$
8.) $\dfrac{8}{11}$
9.) $\dfrac{9}{11}$
10.) $\dfrac{2}{4}$

Exercise No. 26

1.) $\dfrac{2}{3}$
2.) $\dfrac{2}{9}$
3.) $\dfrac{10}{11}$
4.) $\dfrac{7}{8}$
5.) $\dfrac{9}{11}$
6.) $\dfrac{8}{10}$
7.) $\dfrac{2}{4}$
8.) $\dfrac{4}{9}$
9.) $\dfrac{6}{12}$
10.) $\dfrac{4}{7}$

Exercise No. 27

1.) $\dfrac{6}{10}$
2.) $\dfrac{5}{8}$
3.) $\dfrac{7}{9}$
4.) $\dfrac{4}{6}$
5.) $\dfrac{8}{12}$
6.) $\dfrac{8}{10}$
7.) $\dfrac{2}{3}$
8.) $\dfrac{3}{4}$
9.) $\dfrac{6}{9}$
10.) $\dfrac{5}{11}$

Exercise No. 28

1.) $\dfrac{2}{5}$
2.) $\dfrac{2}{3}$
3.) $\dfrac{8}{10}$
4.) $\dfrac{10}{11}$
5.) $\dfrac{9}{12}$
6.) $\dfrac{2}{4}$
7.) $\dfrac{4}{12}$
8.) $\dfrac{7}{10}$
9.) $\dfrac{3}{11}$
10.) $\dfrac{10}{12}$